THÈSE

DE

LICENCE.

N° 61

THÈSE

DE

LICENCE.

ACTE PUBLIC

POUR

LA LICENCE

En exécution de l'Article 4, Titre 2, de la Loi du 22 Ventôse an XII.

SOUTENU

Par **M. SIEURAC** (**Bruno-Joseph**),

Né à Bourg-Saint-Bernard (Haute-Garonne).

TOULOUSE,

Typographie Troyes OUVRIERS REUNIS,
Rue Saint-Pantaléon, 3.

1861.

A MON PÈRE, A MA MÈRE,

Amour, reconnaissance.

—————

A MES PARENTS,

Affection sincère.

—————

A MES AMIS,

Estime, dévouement.

Jus Romanum.

Da actionibus pœnalibus.

Omnis civilis obligatio pro sanctione actionem habet. Cuique obligationis speciei tributa est actio propria. Ex obligationibus idcircò quæ ex maleficio vel quasi ex maleficio nascuntur, omnes pœnales actiones originem suam ducunt. Studiosè à publicis judiciis secernenda est pœnalis actio. Pœnales actiones existimantur tantùm, privati juris actiones, quæ loco privatæ pœnæ et lucro actoris, pecuniariam damnationem, incommodo quod ille passus est excepto, continent. Et nunc origine et signo pœnalium actionum descriptis, argumenta dividamus. Primò ad divisionem pœnalium actionum, posteà ad concedendi modum, denique ad quod temporis spatium tribuuntur studium adhibemus.

§ 1. — *Quo modo actiones pœnales dividuntur.*

Cui propositum exquirenti ad quod pœnales intenduntur actiones, triplex occurrit divisio. Scripsit Justinianus Imperator : « *Sequens*, *illa divisio est*, *quod quœdam actiones rei persequendœ gratiâ comparatœ sunt*, *quœdam pœnœ persequendœ*, *quœdam mixtœ sunt* (Inst. Just. Lib. IV, Tit. VI, § 16, de actionibus.

De actione quæ ad solam rei persecutionem spectat, hìc non disputaturi sumus, quia pœnalis minimè videtur, de duabus cæteris tantum loquemur.

Inter actiones ex maleficiis proditas, quibus pœnam solùm persequimur, animadvertendæ sunt :

Actio furti manifesti et actio furti non manifesti.

Actio injuriarum.

Inter actiones pœnales rem simùl atque pœnam persequentes, proponendæ sunt :

Actio vi bonorum raptorum.

Actio damni injuriæ.

Illarum actionum prior, sicut furti actio, ad res solùm mobiles spectat. Posterior verò, lege Aquiliâ instituta aliàs directa, aliàs utilis, aliàs in factum habetur.

Directa, cùm factum fuit damnum corpore et corpori ; utilis, cùm damnum corpori sed non corpore allatum est ; deniquè in factum comparatur actio, cùm ex corpore sed non corpori oritur damnum. — Furti duæ actiones, actio vi bonorum raptorum, et injuriarum actio prætorum jurisdictione comparatæ sunt.

Si fortè, ut aliquandò evenit, à capite servili perpetra sint maleficia de quibus suprà diximus, per noxalem actionem damnatur dominus servi, ut servum noxæ det, aut litis æstimationem sufferat.

Exstant quidem plures aliæ pœnales actiones, exempli gratiâ, de dolo malo actio, actio quòd metus causa, et actio servi corrupti.

Actio quod metus causa et actio de dolo malo arbitrariæ sunt, id est, damnationem in arbitrio judicis constare.

Sunt quoque aliæ actiones pœnales quas Gaïus, Comm. IV, § 9, designat mixtas.

Actiones depensi et judicati dico.

Actiones quæ quasi ex maleficio nascuntur multò numerosiores sunt quàm illæ quæ ex maleficio. Quasi maleficia enim lege non numerantur. Hæ actiones in factum vocantur. Nonnullas exempli causâ recensebimus.

In judicem qui litem suam fecerit datur actio pœnalis. Litem suam facit judex, cùm malè judicet, quia regulas juris non colit. Actio in factum conceditur quoquè adversùs illum qui aliquid ex cænaculo in viam publicam dejecit effuditve.

Item in exercitorem navis, aut cauponæ aut stabuli intenditur actio, cùm ibi patatrum fuit maleficium ab hominibus quorum operibus utitur exercitor.

Multas in factum actiones introduxère prætores. Itaque comparatæ sunt actiones *adversus eum qui quid ex albo prætoris corrupisset, et in eum qui patronum vel parentem in jus vocâsset, cùm id non impetrâsset; item adversùs eum qui vi exemerit eum qui in jus vocaretur, cujusve dolo exemerit.* (Inst. Just Lib. 4, tit. 6, § 12. De actionibus.)

§ 2. — *Quo modo actiones pœnales conceduntur.*

Actiones pœnales ut cæteræ intenduntur actiones. Apud magistratum adversæ conveniunt partes. Ille enim jus dicit, et an res et pœna simùl persequendæ sint, aut solùm pœna dijudicat. Si actionem concedat, controversia fit lis, et ità litis incipit contestatio.

Agit actor in actione pœnali in simplum aut duplum, triplumve aut quadruplum pretii quod in intentione præponitur. In quadruplum intenduntur actio furti manifesti et actio quod metus causa. Actione vi bonorum raptorum in quadruplum quoquè agimus; at rei raptæ pretium in quadruplo continetur.

In triplum verò, *cùm quidam majorem verœ œstimationis quantitatem in libello conventionis inseruit, ut ex hâc causâ viatores, id est executores litium, ampliorem summam sportularum nomine exigerint* (Inst. Just. Lib. IV. Tit. 6, § 24. De actionibus).

In duplum generaliter conceduntur omnes in factum actiones; actio furti non manifesti, actio damni injuriæ per legem Aquiliam constituta, actio servi corrupti, interdùm actio depositi, actio ex legato quod venerabilibus locis relictum est.

In simplum autem tribuuntur actio quod metus causa, actio damni injuriæ per legem Aquiliam constituta, si fateatur reus.

Actio de dolo malo tunc solum intenditur cùm dolum nullâ aliâ actione repelli potest (Digest. Lib. IV, tit. 3, lex I, §. 1).

Ex solo et eodem maleficio plures nasci possunt actiones. Si quis maleficium patret, ex quo duæ actiones oriantur, utrâque actione agi potest, ità ut attamen aliâ tantùm minus obtineas quantum plus alterâ obtines. Si vi bonorum raptorum exercueris actionem, actio furti non manifesti minimè valebit. At si primo actionem furti non manifesti intenderis quæ duplum continet, deindè actionem vi bonorum raptorum intendere poteris, ità ut verùmtamen quadruplum non excedat. Proptereà. Dig. lib. XLIV. Tit. 7. L. 32. Hermogenianus dicit. « *Cum ex uno delicto plures nascuntur actiones, sicut evenit, cum arbores furtìm cæsœ dicuntur, omnibus experiri permitti, post magnas varietates obtinuit.* »

Cùm duæ actiones ex eodem delicto nascuntur, quâlibet uti potest actor. Si fortè eam quâ minus obtinebit eligerit, dabit judex alterius actionis beneficium ut plus obtineat. Itaque apud Digestum Pauli ad edictum invenimus. (Lib. XLIV, tit. 7, lex 41, § I. « *Si ex eodem facto duœ competant actiones, postea judicis potius partes esse, ut quo plus sit in reliquâ actione, id actor ferat : Si tantùmdem, aut minùs, id consequatur.*

At si actiones de eâdem pecuniâ concurrentes, ex diversis delictis procreatæ sint, nunquàm alia aliam consumit, ut apud Digestum, lib. XLIV, tit. VII, lege 60, invenimus. Itaque qui servum sublatum deindè interfecerit, primò actione furti, secundò legis Aquiliæ tenetur actione.

§ 3. — *Quo temporis spatio actiones pœnales competunt.*

Temporis spatium quo actiones pœnales actori competunt , non consentiens est ut primò videretur delicti immanitati , sed potiùs secundùm originem actionum componitur. Generatìm actiones quæ ex lege , Senatûsve Consulto , sivè ex sacris constitutionibus proficiscuntur, perpetuò olìm competere solebant. Lex enim firmior et magis mansura quam edicta Prætoris annui videtur. Itaque actiones quæ ex propria Prætoris jurisdictione pendent , plerùmque intrà annum vivunt ; ipsius quippè Pretoris intrà annum erat imperium. Quò Prætorianæ illæ actiones duræ sunt et à jure civili distractæ , eò minus tempus ad illas intendendum conceditur. Furti tamen manifesti actio , quàmvis ex ipsius Prætoris jurisdictione proficiscatur , in perpetuo datur. Absurdum enim existimavit Prætor , post unum annum furem esse liberatum.

Actio vi bonorum raptorum per annum utilem in quadruplum conceditur ; anno consumpto , datur equidem actio , sed in simplum.

Actio injuriarum dissimulatione aboletur , ad hæredes non transit. Si ab illo qui injuriam passus est derelicta sit toto anno actio, nunquàm posteà intendi poterit. — Actiones pœnales in factum , cùm ex jurisdictione Prætoris ferè omnes oriantur, in annum utilem dantur.

Maximi ponderis argumentum ~~est an~~ pœnales actiones in hæredes et adversùs hæredes competant ? Est enim certissima juris regula pœnales actiones morte noxii persolvi. Itaque adversus hæredes non datur actio ; illi tamen pecuniam quâ per delictum locupletes facti sunt restituere tenentur ; quippè ex alterius incommodis commoda sibi comparare iniquum est.

Si autem , antè noxii mortem , actio adversus eum intensa fuerit , adversùs hæredes et illa transiverit. Pariter defuncti hæredes, has actiones pœnales quas inchoaverat ille de cujus successione agitur, intendendi capaces habentur. Apud Digestum , leg. 26 , lib. 44 invenimus : *Omnes actiones pœnales post litem inchoatam et ad hæredes transeunt.* Itaque furis hæres solâ furtivâ condictione persequitur ; at si litis contestatio inter furem et illum qui deprædatus fuit, exstiterit , adversùs furis hære-dem furti actio simùl conceditur.

POSITIONES.

I. Si ex uno et eodem delicto plures oriantur actiones , quibus experiri , poterit actor ? — Omnibus.

II. Competit-ne ad hæredes actio pœnalis ? — Minimè. — At si lis inchoata sit ? — Competit.

III. Potest-ne actio pœnalis aliâ actione pœnali de eadem pecuniâ concurrente compensari ? — Non potest.

Code Napoléon.

Du partage de présuccession (1075 à 1080) **et des partages
faits après l'ouverture des successions** (815 à 842).

PREMIÈRE PARTIE.

Partage de présuccession.

CHAPITRE PREMIER.

Les partages d'ascendants , dont nous trouvons la source dans les Lois
Romaines , sont ceux que les père , mère et autres ascendants peuvent
faire de leurs biens entre leurs enfants et descendants. Dans tous les
cas où les ascendans ont la faculté de donner ou de tester , ils ont
celle de faire ce partage anticipé de leurs biens. C'est pour prévenir
des contestations fâcheuses entre les enfants , pour fournir à l'ascendant
qui doit laisser parmi ses héritiers un enfant mineur ou interdit, le moyen
d'éviter les lenteurs et les frais d'un partage en justice , que le législateur, confiant dans leur affection , a permis aux père, mère et ascendants de faire eux-mêmes la distribution de leurs biens entre leurs
descendants. A qui pourrait on confier avec plus d'assurance ce partage

2

qu'à des pères et mères qui mieux que tous autres connaissent la valeur des biens , leurs avantages et leurs inconvénients ; à des pères et
mères qui rempliront cette douce magistrature , non seulement avec
l'impartialité de juges , mais encore avec ce soin , cet intérêt , cette
prévoyance que l'amitié paternelle peut seule inspirer. Nous étudierons
d'abord la forme en laquelle ces partages doivent être faits ; en second
lieu , leurs règles et les effets que produisent ces partages , selon qu'ils
sont faits par donation ou par testament , et enfin , les causes de
nullité et de rescision de ces partages. Ces trois sections correspondent
au Code aux articles 1076 à 1079.

SECTION Ire.

Des formes du partage d'ascendants.

L'article 1076 est conçu en ces termes : *Ces partages pourront être faits*
par actes entre-vifs ou testamentaires ; avec les formalités , conditions et
règles prescrites pour les donations entre-vifs et testaments. — Il résulte
des dispositions de cet article que l'ascendant peut choisir l'un ou l'autre
de ces deux modes de disposer ; mais , qu'il adopte l'un ou l'autre , il
doit se soumettre aux formalités, conditions et règles générales écrites
dans la loi au titre des dispositions entre-vifs et testamentaires.

Pour les partages entre-vifs , ils devront être faits par acte devant
notaire (931). Celui-ci devra en outre garder minute de l'acte , sous
peine de nullité. Toute donation n'étant parfaite que par l'acceptation du
donataire , l'acceptation des enfants ou descendants qui figurent dans
le partage est nécessaire ; un seul refuserait-il d'accepter , l'acte serait
radicalement nul.

Si l'acte de donation renferme des objets mobiliers , il ne sera valable quant à ceux-ci que tout autant qu'un état estimatif signé du
donateur et du donataire ou de ceux qui acceptent pour lui , aura été
annexé à la minute de la donation (948).

S'il comprend des immeubles susceptibles d'hypothèques, il doit être transcrit (939). — Le testament qui opérera le partage sera, de son côté, soumis aux règles et formalités des testaments. Il peut être olographe, mystique ou authentique.

Une question délicate et d'un grand intérêt s'est élevée relativement à la forme de l'acte de partage. On s'est demandé si le mari et la femme ne pourraient pas faire le partage par un seul et même acte ? — L'ordonnance de 1735, art. 77, en abrogeant l'usage des testaments mutuels même entre mari et femme, ajoutait : *Sans préjudice néanmoins de l'exécution des actes de partage entre enfants et descendants.* Malgré l'opinion de M. Malleville, M. Toullier pense, et c'est avec raison, que l'article 968 rend nul indistinctement tout testament mutuel ou conjonctif. S'il était, en effet, permis à deux ou plusieurs personnes de disposer par un seul et même testament au profit d'un tiers, le testament deviendrait un véritable contrat. Car la volonté de l'une des parties ne suffirait pas pour révoquer le testament même en ce qui la concerne, sans le secours des autres volontés qui ont concouru à la formation de l'acte.

Le père et la mère peuvent conjointement disposer de leurs biens par un seul et même acte de donation ; mais il faut bien observer que cet acte ne pourrait porter sur les biens dont la loi a prononcé l'inaliénabilité.

L'art. 1076 dispose *in fine* : *Les partages faits par actes entre-vifs ne pourront avoir pour objet que les biens présents.* — Nous ajouterons que, quant à ceux faits par testament, il suffit qu'au jour du décès les biens partagés appartiennent à l'ascendant.

SECTION II.

Règles et effets du partage d'ascendants.

Bien que la loi soit pleine de confiance en l'affection et la sagesse des ascendants, pour procéder au partage de leurs biens, elle a cependant prévu l'abus que pourraient faire de ce pouvoir, ceux qui, par une préférence aveugle, par orgueil ou par d'autres passions, voudraient réunir la majeure partie de leurs biens sur la tête de l'un de leurs enfants. Nous verrons dans la dernière section de ce chapitre les conditions qu'elle a mises à sa validité. La violation de la règle écrite dans l'article 832 n'est pas, en matière de partage d'ascendants, lorsque toutefois ce partage a été fait par donation, une cause de nullité. Car à la mort de leur auteur, les enfants ne peuvent attaquer ce qu'ils avaient ratifié d'avance. — Si le partage a été fait par testament, l'enfant qui se plaint de la composition des lots, peut le faire annuler sans qu'il soit tenu de justifier d'aucune lésion.

Il peut arriver que tous les biens que l'ascendant laisse à son décès n'aient pas été compris dans le partage. L'annulation n'en est pas la conséquence ; dans ce cas, il y a lieu d'appliquer la disposition de l'article 887 *in fine*.

Effets du partage relativement à la saisine : Ils sont différents selon que le partage a été opéré par donation ou par testament. Lorsque le partage a été fait par acte entre-vifs, il transmet actuellement et irrévocablement la propriété des biens qui s'y trouvent compris. Lorsqu'il est opéré par testament, les enfants ne deviennent propriétaires des biens partagés qu'à la mort de l'ascendant qui a réglé le partage.

A la garantie. — Les descendants entre lesquels a lieu un partage d'ascendant, sont également soumis les uns envers les autres à la garantie de ce partage.

Au paiement des dettes. — Il faut distinguer si le partage provient d'une donation ou d'un testament ; dans le premier cas, les donataires *à titre particulier*, ne sont pas, à l'instar des donataires à titre universel, soumis de plein droit au paiement des dettes du donateur existant à l'époque du partage ; il en serait autrement si une clause expresse les y obligeait.

Dans le second cas, au contraire, les co-partageants sont tenus, même *ultra vires hæreditarias*, du paiement des dettes, parce qu'ils sont considérés comme héritiers *ab intestat* ; mais chacun d'eux peut, soit accepter sous bénéfice d'inventaire , auquel cas , il n'est tenu qu'*intra vires successionis* , soit répudier la succession , et alors , il n'est nullement tenu.

SECTION III.

Causes de nullité et de rescision du partage d'ascendants.

Outre les cas de nullité et de rescision qui tiennent à la violation des conditions , formalités et règles prescrites pour les donations et pour les testaments , il en est qui sont tout-à-fait spéciaux à la nature du partage d'ascendants. Ils sont prévus par les art. 1078 , 1079.

Des dispositions contenues dans le premier de ces articles , il résulte que le partage sera nul , et qu'un nouveau partage pourra être provoqué toutes les fois qu'il n'a pas été fait entre tous les enfants qui existeront à l'époque du décès et les descendants de ceux prédécédés. Le père pourrait avoir partagé ses biens entre ses enfants en négligeant d'y comprendre les enfants d'un de ses enfants décédé avant qu'il n'eût fait le partage. Il est de toute justice et de toute raison que ceux-ci aient le droit de faire annuler le partage ; la loi les autorise à en provoquer un nouveau en la forme légale ; elle va même plus loin , puisqu'elle accorde le droit de le provoquer à ceux des enfants entre qui le partage aurait été fait.

L'art. 1079 dispose : *Le partage fait par l'ascendant pourra être attaqué pour cause de lésion de plus du quart.* — Supposons que l'ascendant qui a fait la répartition de ses biens , ait deux enfants et une fortune de cent cinquante mille francs; il donne à l'un cent mille francs, sans déclaration expresse de préciput , et à l'autre cinquante mille francs. Dans ce cas , le partage est sujet à rescision , pour lésion de plus du quart.

Il pourra l'être aussi dans le cas où il résulterait du partage et des dispositions faites par préciput , que l'un des co-partagés aurait un avantage plus grand que la loi ne le permet. — Lorsque l'un des co-héritiers se trouve avantagé par préciput , la moindre plus-value qu'il aura dans son lot , déduction faite de son legs par préciput , accordera à ses co-héritiers le droit d'intenter l'action en rescision ; cette action ne détruira pas son legs par préciput , seulement elle aura pour effet de faire distribuer plus également le surplus des biens. Si la libéralité avait été faite à un tiers et non à un co-héritier , le partage ne serait rescindable que pour lésion de plus du quart.

Observons que la lésion s'estime , non pas eu égard à la masse des biens qui composent le patrimoine de l'ascendant, mais relativement aux objets formant la matière du partage.

La loi accorde trente ans pour intenter l'action en nullité contre un partage d'ascendants. L'action en rescision est limitée à dix ans. Le point de départ pour l'une et pour l'autre action est le moment du décès de l'ascendant.

En raison de la faveur que le législateur attache au partage fait par un ascendant , il déclare spécialement (art. 1080), que celui qui attaquera le partage d'ascendants devra faire l'avance des frais , sans qu'on puisse les compenser , s'il est rejeté de sa demande , conformément à l'art. 131 du Code de procédure civile.

Après avoir étudié le partage d'ascendants sous ses deux formes , on est porté à se demander , d'après les différents effets qu'elles produisent , quelle est celle qui doit être préférée? Ces deux modes de partage ont chacun leurs avantages et leurs inconvénients. Nous préférons néanmoins le partage par testament. Car ainsi l'ascendant est toujours sauvegardé de l'ingratitude de ses enfants , ce partage étant essentiellement révocable.

Le partage par acte entrevifs est , il est vrai , beaucoup plus positif. Les ascendants ont , par lui , la précieuse faculté de faire conjointement , à cause de mort , le partage anticipé de leurs biens , ce qu'ils ne peuvent faire par acte testamentaire. Mais le parricide en est trop souvent la conséquence. Les enfants , mécontents des lots qui leur ont été attribués dans la succession , peuvent avoir contre leur père de l'animosité , et demander à ce crime monstrueux et contre nature , le moyen de se défaire d'un être qui leur devient à charge par la rente viagère qu'ils lui ont consentie , ou par les soins et les secours qu'ils lui doivent.

DEUXIÈME PARTIE.

Partages faits après l'ouverture des successions.

(815 842).

CHAPITRE PREMIER.

Succéder à quelqu'un, c'est prendre dans la société la place vacante qu'il y a laissée en mourant. Ce remplacement constitue la succession. Si le défunt n'a qu'un seul héritier, pas de difficulté, il le représente, il jouit de ses biens et remplit ses obligations. Mais il arrive souvent que le *de cujus* laisse plusieurs personnes appelées à succéder à ses biens; l'indivision dans la propriété résulte de ce cas. Cette indivision est presque toujours un sujet de désordre entre les possesseurs. Le but du partage est de la faire cesser. Restant dans les limites des dispositions comprises dans les articles 815 à 842, nous nous bornerons à étudier : 1o Par qui et contre qui peut être exercée l'action en partage; 2o dans quel délai l'action en partage peut être intentée; 3o les modes et formes des partages; 4o les formalités préliminaires à la demande en partage; 5o les opérations des partages. Ces divisions répondront à autant de paragraphes. Le *retrait successoral* fera l'objet du second chapitre.

§ 1er. — *Par qui et contre qui peut être exercée l'action en partage.*

Posons d'abord le principe général qui domine la matière : il est écrit dans l'art. 815 : *Nul ne peut être contraint à demeurer dans l'indivision, et le partage peut être toujours provoqué nonobstant prohibitions et conventions contraires.* Toutefois, le législateur a établi une exception à ce principe en ce qui concerne les conventions des co-propriétaires. Il ajoute, en effet : *On peut cependant convenir de suspendre le partage pendant un temps limité. Cette convention ne peut être obligatoire au delà de cinq ans, mais elle peut être renouvelée.* La loi ne dit rien sur le mot prohibitions. D'où il faut conclure que le testateur ne peut point imposer à ses héritiers de demeurer dans l'indivision pendant cinq ans (*contrà* Demalombe, tom. 3 , pag. 491, Traité des successions); tandis qu'ils peuvent entre eux faire cette convention. Motifs de cette différence.

L'action en partage peut être exercée à l'égard de tous les cohéritiers majeurs et présents ; mais les mineurs en tutelle et les interdits, les mineurs émancipés et les femmes mariées ne peuvent pas intenter l'action en partage seuls ou y défendre ; ils ont besoin d'être assistés. Les absents doivent être représentés. Les art. 817, 818 du Code Napoléon ont réglé ces différents cas :

1° Les mineurs et les interdits sont représentés par leurs tuteurs, spécialement autorisés par un conseil de famille. L'autorisation du conseil de famille n'est nécessaire que pour provoquer le partage et nullement pour y défendre ;

2° Quant aux mineurs émancipés, l'assistance de leur curateur leur est à la fois nécessaire et suffisante ;

3° C'est en vertu de ses conventions matrimoniales et en tant qu'il est propriétaire ou usufruitier par ces conventions sur les biens qui adviennent à sa femme, que le mari a le droit, seul et sans le concours de sa femme, de provoquer le partage. — En ce qui concerne les biens qui ne tombent pas en communauté, c'est à la femme qu'appartient le droit d'en provoquer le partage avec l'autorisation de son mari ou de justice ;

4° Après la déclaration d'absence et pendant la seconde période, l'action tant pour provoquer l'action en partage, que pour y défendre, appartient aux envoyés en possession provisoire. Pendant la troisième période, elle appartient aux envoyés en possession définitive.

L'action en partage n'est pas exclusivement attachée à la personne des héritiers. Elle peut aussi être exercée par leurs successeurs, par les créanciers au nom de l'héritier leur débiteur, et aussi par le cessionnaire de la totalité ou d'une quotité d'une portion héréditaire (Cour de Cassation, 27 janvier 1857).

§ 2. — *Dans quel délai l'action en partage peut être intentée.*

L'action en partage est imprescriptible pendant toute la durée de l'indivision. Les cohéritiers peuvent donc provoquer le partage tant que les biens ne sont pas divisés : mais il existe une exception perpétuelle, absolue, par suite de laquelle la demande en partage doit être entièrement rejetée, lorsqu'un des cohéritiers a joui séparément de partie des biens de la succession avec possession suffisante pour acquérir la prescription, ou s'il y a eu un acte de partage. Cette prescription s'acquiert par trente ans de jouissance séparée. Nul doute que le cohérier, qui a possédé séparément une partie des biens de la succession pendant trente ans, puisse ensuite demander le partage contre les autres cohéritiers pour les biens qui sont restés dans l'indivision. Il est à ce sujet, comme un étranger, un tiers qui aurait prescrit contre les héritiers. Si tous les héritiers ont chacun séparément possédé une partie des biens pendant trente ans, ils en auront acquis la propriété, sans qu'il soit nécessaire qu'elle ait été déclarée par un acte de partage. Si un des héritiers possède seul, non en qualité d'administrateur, mais *animo dòmini*, la totalité des biens de la succession, après trente ans, la prescription est acquise en sa faveur. Il est desormais propriétaire exclusif des biens qu'il a possédés.

La prescription d'une action en partage est interrompue par le dépôt en minute, fait au greffe, du rapport d'experts ordonné dans une instance en partage commencée, puis abandonnée (Riom, 15 février 1816).

La prescription de l'action en partage est encore interrompue ou suspendue par la cohabitation des cohéritiers dans la maison des auteurs communs (même arrêt).

§ 3. — *Modes et formes des partages.*

Il y a deux sortes de partage et de licitation, le partage et la licitation amiables, le partage et la licitation judiciaires.

Le partage qui se fait *en nature* est simplement appelé *partage*; celui qui se fait par forme de *vente aux enchères*, reçoit le nom de *licitation*.

Lorsque tous les cohéritiers sont d'accord, majeurs, jouissant de l'exercice de leurs droits civils, présents ou dûment représentés, le partage peut se faire à l'amiable. Il n'est alors sujet à aucune forme ; il peut

se faire par acte public ou sous seing-privé , ou de toute autre manière.
La licitation peut s'opérer devant notaire ; ordinairement elle n'a lieu
qu'entre cohéritiers (Voyez néanmoins l'art. 1687).

Lorsque les héritiers majeurs et jouissant de leurs droits civils , ne
s'accordent pas entre eux , ou qu'il y a parmi les héritiers des mineurs ,
des interdits ou des absents , le partage doit se faire en justice. Il faut
en dire autant de la licitation.

Un partage peut être définitif ou provisionnel ; le premier fait cesser
l'indivision , quant à la pleine propriété des biens ; le second ne la fait
cesser que pour la jouissance seulement. Ce dernier résulte soit de la
volonté expresse des parties, soit de la déclaration de la loi. Le partage
fait avec un incapable sans avoir suivi les formalités prescrites pour un
partage judiciaire, n'est considéré que comme provisionnel (840). D'où
il suit que , quoique de fait divisée , l'indivision n'a point cessé aux yeux
de la loi ; et par suite chacun doit avoir le droit de provoquer un partage définitif ; ce n'est point le cas de dire que les incapables lient envers
eux les capables (1125 *in fine*).

§ 4. — *Formalités préliminaires à la demande en partage.*

Apposition des scellés. — L'art. 819, Code Napoléon , commence par
établir une distinction selon que les cohéritiers peuvent faire un partage
conventionnel , ou qu'ils sont obligés d'avoir recours à un partage
en justice. Dans le premier cas, l'apposition des scellés est facultative ;
dans le second , elle est nécessaire. — Procédure de l'apposition des
scellés (Voyez Code de procédure, art. 911 et suivants).

*Les créanciers de la succession ont , comme les héritiers , le droit de re-
quérir l'apposition des scellés , pourvu qu'ils soient porteurs d'un titre exécutoire , ou qu'ils obtiennent une permission du juge.* (Art. 820 du Cod. Nap.
Voy. art. 909 du Cod. de proc. civ.).

Les créanciers de l'un des héritiers jouissent-ils de la même faculté ?
L'affirmative n'est pas douteuse, puisque d'après l'art. 788 du Cod. Nap.,
les créanciers personnels de l'héritier peuvent accepter au nom de leur
débiteur qui avait renoncé en fraude de leurs droits. Un arrêt de la Cour

de Nancy, en date du 9 janvier 1817, semble s'être prononcé pour la négative ; mais il faut remarquer que dans l'espèce soumise à cette Cour, le créancier du cohéritier au lieu d'agir comme exerçant les droits et actions de son débiteur, requérait *de son chef propre*, l'apposition des scellés.

Une fois les scellés apposés, tous créanciers, ceux-là même qui n'ont ni titre exécutoire, ni permission du juge, ont qualité pour s'opposer à ce qu'ils soient levés en dehors de leur présence ; mais ils ne peuvent être appelés qu'autant qu'ils auront fait opposition à ce qu'on les lève en leur absence, ou eux dûment appelés. Ils n'ont le droit d'assister qu'à la première vacation des scellés et de l'inventaire ; ils ne peuvent être représentés aux vacations suivantes que par un mandataire commun et convenu, à moins qu'ils n'aient pas tous le même intérêt (932, 933 Cod. de proc. civ.).

La loi ne traite pas aussi favorablement les créanciers personnels de l'héritier. Ils peuvent bien aussi faire opposition à la levée des scellés ; mais, d'après l'art. 934 du Cod. de proc. civ., ils n'ont pas même le droit d'assister à la première vacation de la levée des scellés et de l'inventaire, ni de concourir au choix d'un mandataire commun pour les autres vacations.

La demande en partage s'introduit dans la forme ordinaire, mais sans préliminaire de conciliation, elle se porte devant le tribunal de l'ouverture de la succession. Ce tribunal est compétent pour connaître de toutes les difficultés qui s'élèvent durant le cours des opérations. Sa compétence survit même au partage pour certaines contestations qui s'élèvent après sa consommation : *Demandes en rescision de partage, demandes relatives à la garantie des lots* (822 , Cod. Nap.).

Si l'un des co-héritiers refuse de consentir au partage, ou s'il s'élève des contestations soit sur le mode d'y procéder, soit sur la manière de le terminer, le tribunal prononce comme en matière sommaire, c'est-à-dire à l'audience, sur un simple acte, sans autre procédure ni formalités, et sans éprouver les délais des affaires ordinaires. — Lorsque le partage doit se faire en justice, c'est le cas de nommer un juge-commissaire pour procéder aux opérations du partage et faire le rapport des contestations au tribunal. Il y a alors une forme particulière de procéder, réglée par les art. 966 et suiv. du Cod. de proc. civ.

§ 5. — *Opérations du partage.*

Les mesures préalables dont nous venons de parler, ne sont pas toutes absolument nécessaires ; l'emploi de quelques-unes d'entre elles dépend surtout de la volonté des héritiers et de l'intérêt des créanciers du défunt, ou des créanciers personnels de l'héritier. Mais les règles qui concernent les formalités du partage et de la licitation judiciaires sont fixes et déterminées. Les cohéritiers doivent en tous points s'y conformer. Elles ont trait à :

1° *Estimation des immeubles* (824). Cette visite et cette appréciation confiée à des experts , n'a pas seulement pour but de constater la valeur des immeubles ; mais encore de reconnaître si les biens sont partageables ;

2° *Estimation des meubles.*—Elle est également faite , si elle ne l'a point été dans un inventaire régulier (825). Les experts n'étant plus garants de leur estimation , l'usage de la *crue* se trouve aboli. Aussi leur devoir est-il d'estimer les meubles à leur juste valeur, sans qu'il soit besoin d'augmenter l'estimation.

Après que l'estimation des meubles et des immeubles a été faite , il est de principe que chacun des cohéritiers peut demander sa part *en nature* des meubles et immeubles de la succession. Néanmoins, il arrive quelquefois que la vente des meubles est nécessaire, elle est faite aux enchères publiques Observons toutefois , que la vente n'étant utile que pour payer les dettes , chaque héritier a le droit de demander sa part *en nature* , en payant sa part de dettes. Si les immeubles ne sont pas, d'après l'avis des experts, commodément partageables, il y a lieu de les vendre par licitation, c'est-à-dire aux enchères. Si les parties sont majeures et d'accord , elles peuvent partager et vendre comme bon leur semble.

Lorsque le notaire devant lequel le juge a renvoyé les parties, a établi la masse du partage, les rapports que doivent y faire les cohéritiers avantagés et débiteurs (829), et les prélèvements auxquels ont droit leurs cohéritiers (830), on passe à la formation des lots.

3° *Formation des lots.* — Le nombre des lots doit être égal à celui d'héritiers copartageants ou de souches copartageantes (831). Le lot que le sort attribue à chacune des souches copartageantes se subdivise ensuite en autant de lots qu'elle comprend de têtes (836). L'opération de la formation des lots est confiée par les cohéritiers à l'un d'entre eux, sinon par le juge-commissaire à un expert (834). La plus stricte égalité est réclamée pour la composition des lots ; cependant on doit éviter autant que possible le morcellement des héritages et la division des exploitations 832). On atteint ce but au moyen des *soultes* ou retours (833). On peut aussi égaliser les lots, en chargeant le plus fort de payer une partie plus considérable des dettes.

Après cette opération, le poursuivant interpelle les parties d'assister chez le notaire à la lecture et clôture du procès-verbal et de signer. S'il s'élève des difficultés, le notaire en dresse procès-verbal ;

4° *Homologation du partage.* — Après que le tribunal a statué sur les contestations, le procès-verbal de formation des lots est homologué par le tribunal, sur le rapport du juge-commissaire (981, Code de procédure civile) ;

5° *Tirage au sort des lots.* — En vertu du jugement d'homologation, les lots sont tirés au sort, soit devant le juge-commissaire, soit devant le notaire, et celui-ci les délivre aussitôt ;

6° *Remise des titres de propriété.* — Chacun des copartageants doit avoir les titres relatifs à sa propriété ; mais comme il peut se faire que des titres soient communs à plusieurs ou à tous les cohéritiers, on doit les confier à la garde du plus intéressé, et l'usage doit en appartenir à tous ceux qui en ont besoin (842). On pourrait aussi convenir que les titres resteront déposés chez un notaire, et cela aux frais de tous les cohéritiers.

CHAPITRE II.

Du retrait successoral.

Le retrait successoral, consacré par l'art. 841 du Code Napoléon, est le droit accordé à chaque successible d'écarter du partage, en les rendant indemnes, ceux qui n'ont d'autre titre pour y prendre part que la qualité de cessionnaires des droits de l'un des copartageants.

En règle générale, le cessionnaire peut exercer tous les droits de son cédant. L'art. 841 renferme une exception à ce principe. Le législateur a eu pour but d'écarter des spéculateurs avides qui, pour assouvir leur cupidité, viendraient souvent porter le trouble dans les partages, qui doivent être des opérations de famille. D'ailleurs, il peut importer aux parents que des étrangers ne soient point initiés aux affaires secrètes du défunt.

Pour pouvoir exercer ce droit, trois conditions sont exigées :

1° Il faut que le cessionnaire ne soit pas successible du défunt, c'est-à-dire n'ait aucun droit à la succession.

2° Le retrait successoral ne peut être exercé que par un cohéritier, soit testamentaire, soit *ab intestat*, bénéficiaire ou pur et simple, pourvu qu'il ait des droits à prétendre dans la succession. Ce droit est commun à tous les cohéritiers, mais il peut être exercé par un seul ; en profitera-t-il exclusivement à tous les autres? La solution de la question se trouve dans la réponse à une des propositions qui font l'objet de discussions orales ;

3° Enfin il faut que le cessionnaire soit écarté par le remboursement effectif du prix de la cession. Nous allons étudier ces trois conditions en y rattachant différentes questions qui peuvent se présenter.

Et d'abord, quelles sont les personnes qui sont successibles et celles qui ne le sont pas?

Nous rangerons dans la première catégorie : 1° Le cohéritier du cédant ; 2° un enfant naturel du défunt, en concours avec ses parents légitimes; 3° un légataire ou donataire universel, en concours avec des héritiers à réserve : 4° un légataire ou donataire à titre universel en concours avec des héritiers *ab intestat*.

Dans la seconde figureront :

1° Le légataire particulier ; 2° l'ascendant donateur qui ne vient que pour les choses par lui données ; 3° l'héritier qui a renoncé à la succession du défunt.

Le retrait successoral peut être exercé contre toutes les personnes énumérées dans la seconde catégorie.

Le droit d'exercer le retrait est commun à tous les cohéritiers : on peut se demander en conséquence, si les cohéritiers des deux lignes peuvent tous concourir au retrait, quoique la cession ait été faite par un des héritiers d'une seule ligne. La solution de cette question a divisé les auteurs, l'affirmation et la négative ont été soutenues. En nous conformant au texte et à l'esprit de la loi, nous déciderons que tous les héritiers peuvent concourir au retrait. La raison est que les héritiers des deux lignes ont un égal intérêt à empêcher qu'une personne non successible ne s'immisce dans les affaires de la succession, puisque le partage n'étant pas encore opéré, il n'existe qu'une seule masse de biens formant l'hérédité.

En imposant au retrayant l'obligation de rembourser au cessionnaire écarté le prix effectif de la cession, la loi nous a donné à entendre que le cessionnaire à titre gratuit ne peut être écarté. La raison de cette différence entre le cessionnaire à titre gratuit et le cessionnaire à titre onéreux est que la loi considère ce dernier comme un spéculateur et qu'elle ne le favorise jamais. Le même reproche ne saurait être adressé au cessionnaire à titre gratuit. Toutefois, si celui-ci venait à vendre ses droits, on pourrait sans nul doute, écarter le nouveau cessionnaire ; car, alors, il y aurait un prix à rembourser.

PROPOSITIONS.

I. L'art. 891 est-il applicable au cas de l'art. 1079, où il a été attribué à l'un des enfants un avantage plus grand que la loi ne le permet ? — Non. (Cour de Cassation, 31 janvier 1853).

II. Les partages d'ascendants faits par actes entre-vifs sont-ils révocables pour cause d'inexécution des conditions sous lesquelles l'abandon des biens a eu lieu ? — Oui.

III. Un testateur peut-il valablement imposer à ses héritiers l'obligation de demeurer dans l'indivision même seulement pendant cinq ans ? — Non.

IV. Si un seul cohéritier exerce le retrait successoral contre un cessionnaire étranger, les autres cohéritiers auront-ils le droit de participer au bénéfice de la subrogation ? — Oui, avant le remboursement du prix de la cession. — Non, après.

Droit Commercial.

De la lettre de change.

De l'échéance.

(129—135).

La lettre de change peut être revêtue de plusieurs signatures. Parmi les auteurs de ces signatures, un seul, le tireur, s'est enrichi, les autres n'ont rien gagné en négociant le papier ; ils n'ont fait que rentrer dans leurs fonds. Il est du devoir du porteur de dégager ceux qui couvrent la lettre de change de leur responsabilité. La libération du papier ne peut demeurer flottante et incertaine. Elle est déterminée pas l'échéance. L'échéance est l'époque à laquelle le paiement d'une lettre de change doit être exigé. L'article 129 du Code de Commerce fixe les diverses échéances des lettres de change. Cet article est ainsi conçu :

« *Une lettre de change peut être tirée à vue, à un ou plusieure jours, à un ou plusieurs mois, à une ou plusieurs usances de vue. — A un ou plusieurs jours, à un ou plusieurs mois, à une ou plusieurs usances de date. — A jour fixe ou à jour déterminé. — En foire.* » Cet article ne présente aucune difficulté dans l'application : il énumère simplement les distinctions qui peuvent exister entre les lettres de change, selon la différence des époques fixées pour le paiment. La loi permet de tirer une lettre de change à vue et elle marque dans l'art. 130 qu'une telle lettre de change est payable à sa présentation, c'est-à-dire, à vue. L'accepteur ne doit porter aucun retard dans le paiement, sans quoi le but du preneur de la traite serait manqué, avec la disposition précise qu'énonce l'article 130, l'accepteur n'a le droit de ré·lamer aucun sursis, il doit payer lorsqu'on lui présente la lettre de change.

Une lettre de change peut être payable à vue et porter qu'elle sera productive d'intérêts jusqu'au paiement. Le porteur peut-il la garder longtemps sans la présenter? L'art. 160 du Code de Commerce fixe le délai dans lequel il doit la soumettre à l'acceptation, ce délai est d'autant plus long que la distance qui sépare le lieu où la lettre de change a été souscrite et celui où elle doit être acceptée et payée, est plus considérable.

Néanmoins l'art. 160 permet *in fine* au preneur, au tireur et même aux endosseurs, de faire entr'eux, à cet égard, telles stipulations qu'ils jugeront convenables. Cet article a une très grande portée, les dispositions qu'il contient préviennent un abus qui eût rendu la situation du tireur et des endosseurs trop long-temps incertaine et presque éteint le crédit sans lequel il ne pourrait y avoir de commerce.

En principe, le porteur d'une lettre de change à un ou plusieurs jours, à un ou plusieurs mois de vue, doit en exiger le paiement ou l'acceptation dans les six mois de sa date, sous peine de perdre son recours contre les endosseurs et même contre le tireur, si celui-ci a fait provision. Pour les lettres de change payables à vue, le paiement et l'acceptation sont instantanés.

Quant aux lettres de change payables à un ou à plusieurs mois de date, les auteurs ne sont pas d'accord sur l'interprétation du mot mois. La computation pour les effets tirés à un ou plusieurs mois de date, se fait conformément au Calendrier Grégorien (Art. 132, 2 2): c'est-à-dire d'un quantième au quantième correspondant, sans aucune distinction entre les mois plus longs et ceux plus courts. Donnons une espèce, pour éviter sur ce point de la plus grande importance, toute confusion:

Une lettre de change tirée du 28 , du 29 , du 30 , du 31 janvier ,
à un mois de date , sera exigible le 28 février si l'année n'est pas bis-
sextile et cela parce que le mois de février n'a point d'autre quantième
correspondant. Celles du 28 ou du 29 février, à un mois de date,
seront exigibles les 28 ou 29 mars , parce que ces quantièmes corres-
pondants se rencontrent dans le mois de mars. Une lettre de change
du 31 mars , à un mois de date, sera payable le 30 avril; et au
contraire , celle du 30 avril à un mois , sera payable le 30 mai et
non le 31. Cette manière de compter avait d'abord souffert des difficultés , mais la Cour Suprême a fixé sur ce point la jurisprudence par
plusieurs arrêts formels. (Cour de Cassation , 16 février 1818). Les lettres de change payables fin du mois prochain , ne doivent pas être con-
fondues avec celles tirées à un ou plusieurs mois de date. Elles ren-
trent dans la catégorie des effets payables à jour déterminé ou fixe. Le
jour fixe est le dernier du mois, quel que soit le nombre des jours de
ce mois.

La lettre de change peut être payable *à une ou plusieurs usances de
vue, à une ou plusieurs usances de date.* Il s'agit de bien s'entendre sur le
sens du mot usance. L'usance est un espace de temps qui , en France,
comprend trente jours. Elle a été introduite dans le commerce pour parer
à l'inconvénient résultant de l'inégalité des mois, qui tantôt sont de
trente , tantôt de trente-un jours. Ce terme de trente jours , fixé pour
chaque usance , a lieu seulement pour la France , et est étranger à
tous les autres Etats. Ainsi, et pour ne donner qu'un exemple, à Lon-
dres , l'usance des lettres de change de France est d'un mois de la date ;
d'Espagne, de deux mois ; de Venise et de Livourne , de trois mois.
L'usance qu'il faut suivre est celle du lieu où la lettre de change est
payable.

Dans le cas de l'art. 129, que nous venons de mentionner, les jours,
mois et usances de délai, courent du lendemain de la date de la
lettre de change. Quant à l'échéance de la lettre de change à un ou plusieurs jours, à un ou plusieurs mois , à une ou plusieurs usances de
vue , elle est fixée, d'après l'article 131 , par la date de l'acceptation ou

par celle du protêt faute d'acceptation. On ne doit jamais compter le jour de l'acceptation, parce que le jour à partir duquel part le délai n'est pas ordinairement compté dans le délai : *Dies à quo non computatur in termino.*

Une lettre de change peut être payable en foire. D'après l'article 133, *elle est à echéance la veille du jour fixé pour la clôture de la foire, ou le jour de la foire si elle ne dure qu'un jour.* On a voulu insinuer, d'après la combinaison des art. 161 et 162, que cette lettre de change était payable le lendemain du jour fixé pour l'échéance, puisque, d'après l'art. 162, le paiement ne doit être fait que le lendemain de l'échéance ; mais, en présence de l'art. 133 que nous venons de signaler, et de l'art. 134, qui porte que si l'échéance d'une lettre de change tombe un jour férié légal, elle est payable la veille, nous devons conclure que le paiement doit avoir lieu le jour même de l'échéance. L'article 162, portant que le protêt doit être fait le lendemain de l'échéance, n'interdit pas au tireur de le faire le jour même. Il en a la faculté. Le tiré qui n'a pas payé le jour de l'échéance est en faute ; car le tiré ne jouit pas des mêmes faveurs qu'un débiteur qui a pour payer tout le jour du terme. Le tiré doit supporter les frais du protêt fait le lendemain de l'échéance, quoiqu'il s'offre à payer. Quand la foire dure plusieurs jours, le jour fixé pour l'échéance est la veille du jour fixé pour la clôture de la foire. Que décider si la foire est prolongée ; l'échéance devra t-elle être retardée ? Malgré plusieurs avis différents, nous décidons que l'échéance première doit être conservée. La raison que nous donnons de cette opinion est que les étrangers qui se rendent à la foire pour leurs affaires, ont besoin de l'argent au jour primitivement fixé, qu'ils y comptent, et que les faire attendre serait entraver leur commerce.

Si l'échéance d'une lettre de change, dit l'article 134, est à un jour férié légal, elle est payable la veille. Cette disposition nous prouve la rigueur de la loi en matière de lettre de change. La position du tiré est beaucoup plus dure que celle du débiteur en matière civile. Cependant, l'article 162 a tempéré la rigueur des dispositions de l'article précité, en ordonnant que le protêt fait ordinairement le lendemain de l'échéance fût retardé de 24 heures, si le jour du protêt était un jour férié légal.

Autrefois, d'après l'article 4, titre V de l'ordonnance de 1673, un délai de dix jours, après celui de l'échéance, était accordé au porteur pour faire protester une lettre de change. On appelait ce délai de dix jours *délai de faveur ou d'honnêteté*. L'article 135 du Code de Commerce abroge tous les délais de grâce, de faveur, d'usage ou d'habitude locale pour le paiement des lettres de change. Aujourd'hui, le protêt doit être dressé le lendemain de l'échéance, sous peine de déchéance du recours du porteur contre les endosseurs, et dans certains cas contre le tireur. (*Voyez art.* 170.)

Du cas de force majeure.

A l'impossible nul n'est tenu. — Aussi devrait-on décider que le porteur d'une lettre de change qui n'a pu la présenter à l'échéance et faire le protêt faute de paiement en temps utile, serait relevé de sa déchéance. On admet néanmoins le contraire en matière de lettre de change.

Tout est rigueur. Cependant, dans le cas de force majeure, on peut modérer la sévérité des auteurs allemands, en faisant une distinction. Si l'événement est tel, que toute communication soit interrompue, le porteur devra raisonnablement être relevé de sa déchéance. Un avis du conseil d'Etat, du 27 janvier 1814, a reconnu que l'exception tirée de la force majeure est applicable au cas de l'invasion de l'ennemi et des événements de guerre, pour relever les porteurs des lettres de change de leur déchéance. En 1830, après la révolution de Juillet ; en 1848, après celle de Février, des décrets du gouvernement ordonnèrent une prorogation de délai pour les échéances des effets de commerce, qui n'avaient point été présentés durant les troubles.

Lors donc que la force majeure résultera d'un intérêt général, une révolution, une inondation générale, qui empêchera la circulation, le porteur devra être relevé de son défaut de présentation. Ajoutons que ce n'est qu'à ceux qui sont exposés à la perte, qu'il faut appliquer les principes que nous venons d'énoncer. La prorogation de délai dans ce cas ne peut avoir lieu que sur le papier, car le papier étant créancier, il doit se légitimer lui-même. La prorogation de délai peut être à terme fixe ou sans terme fixé. La prorogation de délai, pour la lettre de change à date, n'est que le délai primitif. On conçoit qu'il ne peut pas en être ainsi pour les lettres de change payables à vue. En principe la prorogation n'opère qu'entre le porteur et le tiré.

De ce que la loi interdit aux juges dans l'art. 157, d'accorder aucun délai de grâce ou de faveur pour le paiement des lettres de change ou des billets à ordre, il ne faut pas conclure qu'ils doivent repousser les exceptions par lesquelles le débiteur actionné voudrait faire écarter la demande. C'est ainsi que si le débiteur prétend pouvoir opposer au créancier la compensation, les juges sont appréciateurs de la question de savoir s'ils doivent passer outre et condamner le débiteur, ou si au contraire, ils doivent l'autoriser à justifier de son exception.

PROPOSITIONS.

I. Une lettre de change, payable à la mort de celui qui la souscrit, est-elle valable? — Non.

II. La lettre de change peut-elle être faite à échéance conditionnelle? — Non.

III. Dans les rapports du preneur et du tireur, l'échéance conditionnelle serait-elle valable? — Oui.

IV. La force majeure relève-t-elle le porteur de la lettre de change de la déchéance qu'il a encourue, faute de présentation à l'échéance? — Il faut distinguer.

Droit Administratif.

De la compétence administrative et judiciaire en ce qui concerne le trésor public.

En examinant le titre du sujet que nous avons à traiter, deux mots : *Compétence* et *trésor public* attirent notre attention. Exprimons d'abord l'idée que nous avons de chacun d'eux en les définissant ; c'est un moyen d'élucider la question qui, au premier abord, paraît complexe : nous verrons ensuite la corrélation qui existe entre eux.

La compétence en général, désigne la mesure du pouvoir départi à chaque fonctionnaire public. La compétence administrative et judiciaire nous fera par conséquent connaître la mesure du pouvoir départi aux fonctionnaires de l'autorité administrative et à ceux de l'autorité judiciaire.

Le trésor public peut être considéré comme un réservoir commun où viennent se réunir tous les revenus de l'Etat, d'où ils s'écoulent ensuite pour alimenter les diverses branches du service. Considéré comme une personne morale, il est représenté par un agent judiciaire qui exerce ses actions et répond à celles qui sont intentées contre lui. *L'agent judiciaire du trésor public* est sous la direction du Ministre des finances, en la personne duquel vit en définitive le trésor public. Ce trésor comprend : 1o La comptabilité ; 2o les contributions directes ; 3o les contributions indirectes (enregistrement , douanes , etc., etc.); 4o la dette publique ; 5o les traitements et pensions ; 6o les anciennes dettes communales et les dettes de l'ancienne liste civile ; en appliquant à chacune de ces branches la compétence , soit administrative, soit judiciaire dont elle est susceptible, nous aurons rempli notre but.

Le principe général est celui-ci : Tout ce qui a trait au trésor public doit rentrer dans la compétence administrative. Cette compétence sera-t-elle gracieuse ou contentieuse ? En appliquant aux contestations qui peuvent survenir en matière de trésor public la formule de l'enseignement que nous avons suivi : *L'intérêt spécial émanant de l'intérêt général , discuté, en contact avec un droit privé* , nous n'hésitons pas à déclarer que l'administration active au second chef, ou pouvoir contentieux est compétent.

Ce n'est que par exception et à titre de déclassement que le législateur, en matière de contributions indirectes, d'enregistrement et de douanes, a renvoyé la connaissance des contestations aux tribunaux civils ordinaires. Nous étudierons ces matières en dernier lieu.

Compétence administrative.

I. *Comptabilité.* — De nos jours , les finances sont entre les mains des receveurs généraux , des receveurs particuliers et des percepteurs qui sont responsables de leur gestion. Ce sont les tribunaux administratifs qui apprécient et jugent la responsabilité. En général , toutes les questions de comptabilité qui intéressent le trésor, et qui s'élèvent entre les comptables et le trésor, et les comptables entre eux, ainsi qu'entre les comptables et leurs cautions, appartiennent à la juridiction contentieuse du Ministre des finances La raison en est que la forme, le réglement , le débat et la reddition des comptes, la vérification des caisses , registres et écritures , se rattachent à la bonne gestion et à l'emploi régulier des biens et deniers de l'Etat dont il est responsable. Les autres ministres prononcent toujours en premier ressort, comme le Ministre des finances, sur les comptabilités spéciales qui ressortissent de leur département, sauf, dans tous les cas, l'appel au Conseil d'Etat.

La compétence de l'autorité judiciaire ne peut s'exercer que lorsque le trésor public est désintéressé, ou que la contestation entre le comptable et le tiers peut se décider par des motifs ou des moyens tirés du droit commun.

II. *Contributions directes.* — Elles se divisent en contributions dites de répartition, comprenant les contributions foncières, personnelles et mobilières et celles des portes et fenêtres, et en contributions dites de quotité comprenant les patentes et les redevances sur les mines. L'intérêt du trésor public exigeait que le recouvrement des contributions directes ne fût pas soumis aux lenteurs des formes ordinaires, ni subordonné aux décisions de l'autorité judiciaire. Le conseil de préfecture prononce sur les demandes des particuliers tendant à obtenir la décharge ou la réduction de leur cote de contributions directes. (Loi du 28 pluviôse an VIII, art. 4, *in principio*). Il a la connaissance des difficultés relatives aux poursuites faites pour parvenir au recouvrement, mais seulement en ce qui concerne la validité des actes administratifs. Si une commune est grevée par le conseil d'arrondissement d'un impôt trop considérable, elle a le droit de se pourvoir devant le conseil général, juge souverain et absolu de sa réclamation. On peut faire sur les patentes des réclamations annales soumises au conseil de préfecture ; en matière de redevance des mines, la compétence administrative est ministérielle.

III. *Dette publique.* — Sa création remonte à la loi du 24 août 1793. Cette dette s'est augmentée et peut s'augmenter encore par des emprunts que l'Etat contracte pour subvenir à des dépenses extraordinaires auxquelles il ne pourrait suffire avec ses ressources habituelles. Il est naturel que tout ce qui concerne la dette publique rentre dans le contentieux administratif, puisque l'intérêt général y est constamment en contact avec des droits privés. Aussi, pour fixer toutes les contestations qui pourraient s'élever sur les liquidations des créances réclamées contre l'Etat, ou les déchéances et prescriptions qui s'y rattachent, les ministres, chacun dans les attributions de leur département, sont ils compétents.

IV. *Pensions et traitements.* — Le droit de liquider les pensions appartient aux ministres. Cette liquidation n'est point arbitraire, si le pétitionnaire réunit les conditions exigées par la loi pour avoir un droit acquis à la pension. Il peut se pourvoir devant le conseil d'État contre la décision ministérielle qui a refusé de soumettre sa demande au chef de l'État, qui par une ordonnance a seul le droit de la lui accorder. Quant aux traitements, le recours contentieux est toujours ouvert, en cas de refus de tout ou partie des sommes dues par suite de l'exercice des fonctions.

V. *Anciennes dettes communales, dettes de l'ancienne liste civile.* — D'après la loi du 24 août 1793, les anciennes dettes des communes ont été déclarées nationales. Les créanciers des communes sont ainsi devenus créanciers de l'État. Nous savons que tout ce qui regarde l'État considéré comme *unité nationale*, est du ressort de l'administration. La liquidation de ces dettes est donc passée dans les attributions contentieuses des ministres. Quant aux dettes et pensions de l'ancienne liste civile, ayant été aussi liquidées pour le compte de l'État, elles ont cessé par la même raison de faire partie de la compétence de l'autorité judiciaire, pour appartenir désormais au contentieux administratif (Loi du 8 avril 1834).

Compétence judiciaire.

I. *Contributions indirectes.* — En général, et sauf quelques exceptions rares, le contentieux des contributions indirectes est de la compétence de l'autorité judiciaire. Pour connaître la juridiction devant laquelle les difficultés doivent être portées, il faut distinguer s'il s'agit d'une difficulté sur le fond des droits établis sur la matière. Dans ce cas le tribunal civil de l'arrondissement est compétent. Si au contraire, il s'agit de poursuivre les contraventions, le tribunal de police correctionnelle de l'arrondissement doit être saisi de l'affaire.

II *Enregistrement* — Le contentieux de l'enregistrement a été dévolu à l'autorité judiciaire. L'article 65 de la loi du 22 frimaire an VII porte : *L'introduction et l'instruction des instances auront lieu devant les tribunaux civils de département. La connaissance et la décision en sont interdites à toutes autres autorités constituées et administratives.* --- (Suit la procédure). — *L'instruction se fera par simples mémoires et respectivement signifiées , etc. , etc.*

III. *Douanes.* — En matière de douanes, pour connaitre les tribunaux compétents , il faut distinguer s'il s'agit de matières purement civiles ou de contraventions. Dans le premier cas, le juge de paix est le juge naturel , sauf l'appel au tribunal de première instance. Dans le second cas , la loi du 21 avril 1818 , art. 37 , a attribué aux tribunaux correctionnels la connaissance des faits de contrebande, jugés autrefois par les cours prévotales. l'art. 48 de la loi du 28 avril 1816 était ainsi conçu : *seront justiciables des cours prévotales les prévenus de toute importation prohibée ou frauduleuse, si , étant à cheval, ils sont au nombre de trois et plus, et si , étant à pied, ils sont en nombre supérieur à six.* — C'est aux tribunaux correctionnels qu'appartient aujourd'hui la poursuite de ces délits.

On voit, d'après ce qui précède, que la part de la compétence judiciaire en ce qui concerne le trésor public, est très-restreinte comparativement à celle de l'autorité administrative ; d'où le principe que nous avons émis se trouve prouvé. En règle générale, l'autorité administrative est compétente dans cette matière, l'autorité judiciaire ne l'est qu'en vertu d'un déclassement. Pourquoi ce déclassement, quelle est sa raison d'être ? A cela nous répondrons que les contestations qui s'élèvent en matière de contributions indirectes, d'enregistrement et de douanes, se rattachant intimement au droit civil , les tribunaux sont plus aptes à les juger que l'administration.

Tout ce qui concerne les contributions indirectes ne rentre pas dans la compétence de l'autorité judiciaire. La compétence administrative s'y révèle assez souvent , tantôt par la juridiction gracieuse , tantôt par la

juridiction contentieuse que les ministres exercent en pareille matière.
— (Voir M. Chauveau , *Principes de Compétence et de Juridiction Administrative* (tome 1er, pages 305, 377.)

Cette Thèse sera soutenue, en séance publique, dans une des salles de la Faculté, le 18 janvier 1861.

Vu par le Président de la Thèse,

DELPECH.

www.ingramcontent.com/pod-product-compliance
Ingram Content Group UK Ltd.
Pitfield, Milton Keynes, MK11 3LW, UK
UKHW020047080726
13614UKWH00004B/1942